AF482820

ARLEQUIN
A LA
GUINGUETTE.

REPRESENTÉ
A LA FOIRE S. LAURENT.

par la Troupe de **BEL-AIR.**

Le prix est de 8 sols.

A PARIS,

Chez M. REBUFFÉ, ruë Dauphine,
proche le Pont-neuf, à l'Arche
de Noé & au Jurisconsulte.

____

M. DCC. XI.
Avec Permission.

AVIS AU LECTEUR.

LA Troupe de Bel Air ayant eü le mal-heur à la derniere Foire S. Germain, d'ouvrir son Théatre par un divertissement qui ne fut pas goûté du public, ne pût dans la suite se relever tout-à-fait de sa chute. Quelques efforts qu'elle fit pour rappeller les spectateurs, les premieres impressions prévalurent. Comme le mal ne pouvoit provenir que de la piece ou de l'execution, & peut-estre de tous les deux ; elle s'est attachée à cette Foire S. Laurent, à se remettre en grace auprès du public, par un meilleur choix d'auteurs & d'acteurs. On jugera des premiers par leurs ouvrages, & les derniers se sont déja bien fait connoistre. Il suffit de nommer les Sieurs BAXTER & SAURIN, pour faire leur éloge. La vogue qu'ils ont eûs l'hyver passé dans le Preau, donne tout lieu d'esperer qu'ils ne seront pas moins courus cet esté, & tout le monde conviendra que la Troupe de Bel Air ne pouvoit faire une meilleure acquisition pour se remettre en possession de la préference que le public luy avoit toûjours donnée sur toutes les autres Troupes. On a fait imprimer le divertissement par ou elle doit débuter, pour en donner une plus grande intelligence à ceux qui le verront executer. Il a pour titre Arlequin à la Guinguette; on n'y a rien oublié de ce qui peut contribuer à atteindre le principal but de la Comedie, qui est de châtier les mœurs en riant; Le spectacle sera des plus surprenans, & les couplets seront assaisonnés de ce sel qui en doit faire tout le prix.

ARLEQUIN

A LA

GUINGUETTE.

PREMIERE ENTRE'E

QUI SERT DE PROLOGUE.

Le Theatre represente la Ville de Paris.

Jupiter & Momus descendent des Cieux;
le premier monté sur un cocq-d'inde,
tient un foudre à la main, & l'autre
monté sur un dogue, est armé d'une
plume. Momus plaisante sur le cocq-
d'inde que Jupiter a pris au lieu d'un
aigle; le couplet est sur l'air *Des Pelle-*
rins de S. Jacques.

MOMUS.

Quoyque le sort sous vôtre Empire
Nous ait tous mis,

A iij

Je suis le Dieu de la Satyre,
Tout m'est permis,
Cherchés-vous dans ce beau séjour
Quelque avanture ?
Dites-moy d'où vient qu'en ce jour
Vous changés de monture.

JUPITER.

Les habitans de cette Ville
Se sont connus,
Je viens y décharger ma bile
Sur leurs abus,
Ils n'auront pas de moy grand soin
Si je les daube ;
Mais je mettray dans un besoin
Ma monture à la daube.

Momus fait connoître à Jupiter par
ses gestes qu'il le soubçonne de quelque
nouvelle intrigue, Jupiter luy montre ses
cheveux gris, pour luy faire voir qu'il
est revenu de la bagatelle. L'écriteau suit.

JUPITER.

Ma jeunesse a fait son cours,
Je suis devenu sage,
Dans le temps de mes amours
Junon me chantoit toûjours
La rage, La rage, La rage.

Jupiter fait entendre à Momus qu'il
n'a point de dessein de galanterie en

tefte, puifqu'il l'a choifi pour compagnon de fes voyages, au lieu de Mercure, le cher confident de fes amours;
L'écriteau fuit.

JUPITER.

De compagnon fi tu me fers
C'eft pour régler tout l'univers.
Au lieu du fidelle Mercure,
C'eft pour cela que je t'ay pris;
Je veux que ta plume cenfure
Tous les defordres de Paris.

MOMUS.

Laiffés-moy cenfurer les Dieux
Mon dos s'en trouvera bien mieux;
Aux mortels fi je faits la guerre,
Je pourrois bien grand Jupiter,
Pour avoir écrit fur la terre
Aller écrire fur la mer.

Momus ne veut point d'un employ auffi
dangereux que celuy de cenfeur. Jupiter
le veut forcer à le prendre & le menace
de fon foudre, Momus le menace de fa
plume ; ils conviennent de combattre
à armes égales , & quittant l'un fa foudre & l'autre fa plume , ils fe battent à
coups de poing ; le bruit qu'ils font
oblige Arlequin à fortir de chés luy
pour voir ce que c'eft. Il fe met en de-

voir de les feparer & les roffe tous deux.
Momus fe fentant frapé quitte Jupiter
pour fe jetter fur Arlequin, mais l'a-
yant reconnu il l'embraffe & le prefente
à Jupiter comme le mortel le plus pro-
pre à remplir l'employ de cenfeur. Jupiter confent à l'en charger , mais Arlequin qui en prevoit les fuites le refufe
auffi bien que Momus. L'écriteau paroit.

JUPITER.

Il faut que Momus t'infpire
Quelques bons traits de Satyre ;
Si tu fçait l'art de médire,
Tout va flechir fous tes loix:
Tu te rendras redoutable,
Chacun t'offrira fa table.
Le traitant pour toy traitable
Te mettra dans les employs.

ARLEQUIN.

J'aime affez qu'on me redoute
Mais voicy qui m'en dégoute :
Je fçait trop ce qu'il en coûte
D'écrire avec trop de fiel :
Quand Momus vous fait la guerre
Il ne craint point le tonnerre,
Et l'on rifque fur la terre
Beaucoup plus que dans le Ciel.

Arlequin remercie Jupiter de fon employ & s'enfuit ; Jupiter lance la foudre sur la maison d'Arlequin, qui revient tout effrayé se jetter aux pieds de Jupiter ; il consent à accepter l'employ qu'il veut luy donner, à condition qu'il luy prêtera son foudre & Momus sa plume. L'écriteau paroift.

ARLEQUIN.

Momus pour mieux armer ma main,
Preftés-moy voftre plume,
Et vous, la foudre que Vulcain
Forge fur son enclume :
Les Romains dés que j'écriray,
Se mettront en campagne,
Et je les pulveriferay
Comme Tabac d'Efpagne.

JUPITER.

Tiens, prends au gré de ton defir
Sa plume & mon tonnerre,
Si tu me veux faire plaifir,
Mets ces Romains parterre :
J'aprouveray leur chaftiment,
Quelque grand qu'il puiffe eftre ;
C'eft dans leurs farces feulement
Que l'on me voit paroiftre.

Arlequin n'eft pas plutoft armé de la foudre de Jupiter & de la plume de Momus, qu'il fe rend redoutable à ces deux Dieux. Il veut foudroyer Jupiter, & ne sçachant comment lancer la foudre, il tire un fusil de sa poche, & ayant allumé de la méche il met le feu à la foudre, qui crevant entre ses mains le renverse d'un costé & Jupiter de l'autre ; Momus les fait revenir tous deux avec de l'Eau de la Reine d'Hongrie. Jupiter ne peut revoir Arlequin, sans frayeur & s'enfuit ; ce qui donne lieu à un écriteau sur l'air, *que diable voulez-vous qu'on fasse.*

ARLEQUIN.

De tout cecy je crains la suite ;
Ah ! Si les Dieux prennent la fuite,
Les hommes en feront autant :
Ils nous fuiront loin de nous suivre,
Nous n'auront point d'argent comptant,
Et sans argent on ne peut vivre.

MOMUS.

Je veux pour t'attirer du monde,
Qu'une Fée icy te seconde,
Chés toy l'argent foisonnera ;
Son art te va combler de gloire
Et je pretends que l'opéra
Soit jaloux des jeux de la Foire.

La Fée vient dans une Guinguette,
traînée par un ogre & par une ogresse ;

Arlequin à peur de ces deux monstres;
mais la Fée le rassure, & d'un coup de
sa baguette elle fait changer le Theatre.
On y voit trois figures, qui sont une
Harpe, un Cerf & une Tourterelle, à
mesure que la Fée donne un coup de sa
baguette sur chacune de ces figures, elles
reprennent leur premiere forme, la harpe
redevient un agioteur, avec cet écriteau
sur l'air, *Vous m'entendez bien.*

L'AGIOTEUR.

Je fus un riche agioteur
C'est-à-dire un fameux voleur,
La harpe fait la glose
Hé bien,
De ma métamorphose.
Vous m'entendez bien.

Le cerf est changé en vieillard, avec
cet écriteau sur l'air, *Dans son chateau
du gaillardin.*

LE VIELLARD.

Je m'avisay d'estre en ménage
Dans mes vieux jours,
Ma femme à tout le voisinage
Avoit recours,
Mais une Fée avec son art
Fit un vieux cerf d'un vieux cornard

La tourterelle reprend la forme de
femme fidelle, avec cet écriteau, sur
l'air, *Nous sommes demy douzaine.*

LA FEMME FIDELLE.

Dés que la parque cruelle
M'eut fait sentir son cizeau,
Je devins tourterelle,
Pour vivre de nouveau :
A' mon époux j'avois esté fidelle,
Est-il rien de si beau,   [modelle
Mais par mal-heur sans laisser de [
J'entray dans le tombeau.

Momus dit à Arlequin qu'il se met
sous la protection de la Fée, qu'il doit
tout attendre de son secours, mais qu'il
doit songer dans sa Satyre à ménager le
public, de peur de le chasser de chez luy
& de perdre ses meilleures pratiques,
L'écriteau est sur un Vaudeville,

MOMUS.

Tu peux compter sur sa science,
Mais ne faits rien qu'avec prudence,
Les gens que tu vas corriger,
Ne sont que trop à ménager;
En te privant de leur presence,
Ils seroient seurs de se vanger.

ARLEQUIN, au Parterre.

Vous entendez le preambule,

Momus vous dore la pillule,
Le trait est moins désobligeant,
De faire rire en corrigeant.
Vous verrés voftre ridicule,
Mais vous rirez pour voftre argent.

Le Prologue finit par un divertiſſement que fait la ſuite de Momus, elle eſt compoſée de divers perſonnages comiques.

DEUXIE'ME ENTRE'E.

Arlequin vient faire ſes adieux à Colombine par ordre de la Fée. Ils viennent tous deux avec un mouchoir à la main pour eſſuyer leurs larmes. L'écriteau eſt *ſur la Sarabande de l'Inconnu.*

ARLEQUIN.

Charmant objet de ma pudique flame
Je vais partir, recevez mes adieux,
    Ma chere femme
    Cedons aux Dieux,
Leurs dures loix m'arrachent de ces lieux
Un grand deſſein appelle ma grande ame.

COLOMBINE.

Qu'ay-je entendu ? que j'éprouve d'allarmes,

Quoy ? vous partez ! Arlequin, vous
 partez !
     Brillez mes charmes,
     Et l'arreſtez ;
Mais tous mes cris ne ſont plus écoutez ;
Pleurez mes yeux, & fondez vous en
 larmes.

*Le grand ſerieux de ces couplets eſt
affecté, le dernier eſt une parodie de la
plainte d'Armide ſur le départ de Renaud
& Arlequin doit ſe retirer avant la fin
du couplet. Voicy ce que dit Colombine,
pour continuer d'imiter ces paroles d'Armide, l'eſpoir de la vengeance eſt le ſeul
qui me reſte.*

L'écriteau eſt ſur l'air, *Vous qui vous
mocquez par vos ris.*

COLOMBINE,

Il part, & c'eſt pour m'outrager
     Je vois ſa manigançe,
Ne ſongeons plus qu'à nous venger
     De ce trait d'inconſtance ;
Et dois-je attendre pour changer
Que mon mary commençe?

Croit-il que pour luy ſeulement
Un tendre amour m'enflame ?
Je me ſens pour faire un amant

Je ne sçay quoy dans l'ame:
Si je n'aimois le changement
Je ne serois pas femme.

Colombine rentre dans le dessein de se venger de la pretenduë infidelité d'Arlequin. A peine est-elle rentrée qu'Arlequin sort & témoigne le regret qu'il a de quitter une femma si tendre & si fidelle, dans le temps qu'il pleure, un Lutin tombe à ses pieds portant un paquet de hardes sous ses bras ; il rit des larmes d'Arlequin, & luy montre un écriteau sur l'air: *Or écoutez petits,&c.*

LE LUTIN.

S'il faut l'en croire sur sa foy
Colombine se meurt pour toy,
Mais parmy-vous est-il de femme
Qui montre ce qu'elle à dans l'ame;
Telle pleure avec son mary,
Qui rit avec son favory.

Le Lutin apres avoir chanté ce couplet, donne un habit de Cabaretier à Arlequin, & luy fait entendre par un autre couplet, que la Fée luy ordonne d'aller exercer son employ de Censeur dans une Guinguette. L'écriteau est sur l'air, *Du Branle du Moulin de Javelle.*

Je t'aporte ta toilette
La Fée ainſi l'a commandé,
Si tu ne veux eſtre grondé,
Faits ton devoir à là Guinguette,
Je t'aporte ta toilette
La Fée ainſi l'a commandé.

Tandis que le Lutin habille Arlequin en Cabaretier, le Theatre change & repreſente une Guinguette, avec cette enſeigne : BON VIN ET GRANDE MESURE A JUSTE PRIX. Le Lutin ayant habillé Arlequin s'envole dans les airs. Arlequin examine ſa Guinguette & paroît charmé de la voir ſi bien garnie. Il commence par goûter le vin; dans le temps qu'il boit, un petit maitre vient luy demander du vin, des pipes & du tabac, & luy fait connoitre par toutes ſes minauderies qu'il eſt tres-ſatisfait de ſa figure. Il tire de ſa poche pluſieurs Tabatieres où ſont les Portraits de ſes Maitreſſes. Arlequin luy demande comment il peut ſuffire à tant de belles ; le petit Maitre luy vante ſes talents par un écriteau ſur l'air, *quand le peril &c.*

LE PETIT MAITRE.
Je faits l'amour la nuit entiere,
J'ay des Maitreſſes à foiſon,

Je cours & change de maifon,
Comme un chat de goutiere.

Le petit Maitre fe met à une table
fans nape. Dans le temps qu'il hache du
tabac un folliciteur de procez vient avec
fa Maitreffe & demande du vin à Arlequin. Le petit Maitre l'orgne la De-
moifelle & luy fait des mines, elle rif-
pote fur le mefme ton. Le folliciteur de
procez s'en met en colere & témoigne
fa jaloufie par un écriteau fur un Vaudeville.

LE SOLLICITEUR de procez.
Il faut que je me débonde,
J'ay trop lieu d'être jaloux,
Eft-ce ainfi qu'on me feconde ?
J'ay cent fois quité pour vous.
          Et brune & blonde,
Et vous faites les yeux doux
          A tout le monde.
          LA COQUETTE.
Eft-ce un mal pour la poulette
De compter fur plus d'un cocq ?
C'eft un brin de ciboullette
Que la liberté du troc,
          En amourette,
Ma foy cela vous eft hoc
          Je fuis Coquette.

B

La Maitreſſe du ſolliciteur de procez
court embraſſer le petit Maitre. Le ſolliciteur de procez la veut battre. Le petit
Maitre met l'épée à la main & le ſolliciteur de procez ſe met à genoux. La
coquette s'en va avec ſon nouvel amant,
qui ſe retire d'un autre côté, en frapant
des pieds. Arlequin ſe moque de luy par
ce trait de Satyre ſur un Vaudeville.

ARLEQUIN.

Les gens à procedures
Par fois ſont amoureux,
Mais dans leurs avantures
Ils ne ſont pas heureux,
Avec nos petits Maitres
S'ils oſent s'oublier,
Ils ſautent les fenêtres
Plutoſt que l'eſcalier.

*Il vient une Nopce de Village à la
Guinguette d'Arlequin, ce qui fait le divertiſſement de cette ſeconde Entrée.*

Apres quelques danſes on fait un branle
ſur l'air, *Robin turlure, &c.*

BRANLE.

Aux Guinguettes de Paris,
Que de filles on voiture!

On y vend à juste prix
    Turelure ,
Bon vin & grande mesure
Robin turelure.

Jusque aux gens à cheveux gris
Chacun y trouve avanture,
Sur la teste des maris
    Turelure,
On y met mainte coëffure
Robin ture lure lure.

Pendant toute cette fête, les uns boivent, les autres dansent & ils se retirent tous se tenans par la main. Un Capitan avec sa Maîtresse vient à la Guinguette & frape à la porte. Arlequin sort & le Capitan luy demande une Chambre pour luy & sa femme pretenduë. L'écriteau est sur l'air, *La verte jeunesse.*

    LE CAPITAN.

    Mets nous je te prie
    Dans un lieu secret,
    Point de tricherie
    N'entre dans mon fait,
    Sans crime je l'aime
    Et j'en suis chery,
    Laisse nous à mesme
    Je suis son mary.

ARLEQUIN.

O le bon Apostre !
Ardez, quel époux !
Va chercher quelqu'autre
Pour tes rendez-vous ;
Par ce beau langage
Tu n'as pris qu'un rat,
C'est un mariage
Qu'on fait sans contract.

*Toute cette Scene se passe en lazis à peu-
pres semblables à ceux d'Arlequin soldat
& bagage : on ne les décrit pas icy pour
laisser le plaisir de la surprise à ceux qui
les verront. Le Capitan ne pouvant par
toutes ses demandes parvenir à éloigner
Arlequin un seul moment, luy témoigne
son dépit par cet écriteau, sur l'air,
Diray-je mon Confiteor, &c.*

LE CAPITAN,

Serons-nous toûjours sous tes yeux
Le sot Argus ! il est ma bête.
Crois-tu que l'on vienne en ces lieux
Pour ménager un tête à tête ?
Il n'est plus rien grace aux époux
De plus aisé qu'un rendés-vous.

ARLEQUIN.

Je sçay le trantran de Paris
Et rien n'en vient que je ne guette.

Pour mettre l’honneur des maris
En seureté dans ma Guinguette,
S’ils avoient tous de tels Argus
On verroit bien moins de Cocus.

Le Capitan & sa maitresse se retirent
& Arlequin se moque d’eux, le Docteur
vient attendreColombine à la guinguette
ou elle luy a donné rendés-vous, ne sçachant pas qu’Arlequin en est l’hôte. Il
demande une Chambre à Arlequin pour
un de ses amis & pour luy, le premier
vers de ce couplet suppose qu’il n’a pas
encore apperceu Arlequin, & sert à pre-
parer les spectateurs à la Scene qui va se
passer entre Colombine & luy. Il est sur
l’air, *J’entens déja le bruït des Armes.*

LE DOCTEUR.

Ma Maitresse se fait attendre......,
Mais l’hôte vieux je l’apperçoy:
Un amy doit icy se rendre
Il n’a pû partir qu’apres moy;
Si la nuit vient à nous surprendre
Trouveront-nous un lit chés toy?

ARLEQUIN, répond sur l’air;

De mon pot je vous en répons;
Une Chambre à deux amis
Cela vous est promis,
Mais si c’est un amy femelle

ANés au Moulin de Javelle,
Pour l'amy je vous en réponds
Pour la femelle, non.

Le Docteur montre une bourse à Arlequin, qui apres avoir resisté quelque temps, commence à se laisser seduire, ce qui l'oblige à fuir.

A peine Arlequin est il sorty, que Colombine vient, le Docteur s'avance au devant d'elle & luy fait entendre qu'ils pourront bien avoir une Chambre pour être en liberté; dans le temps qu'ils se témoignent la satisfaction mutuelle qu'ils ont de se trouver ensemble; Arlequin regarde par la fenêtre & ne reconnoissant pas Colombine, il se fait un plaisir de les surprendre; il vient en Tapinois par derriere, & dans le temps que le Docteur parle tout bas à Colombine, il met sa tête entre leurs visages, d'abord il regarde le Docteur & rit de l'avoir pris en flagrant délit, apres il regarde Colombine, & venant à se reconnoître l'un l'autre, ils font un grand cry; Colombine s'enfuit, le Docteur court apres elle; Arlequin entre en fureur renverse la Guinguette s'en dessus dessous, il entre dedans & y ayant fait un tapage enragé, il revient avec un bond...

à la main pour faire voir qu'il a défoncé
les tonneaux & répandu tout son vin.

Apres cette belle expédition il se sou-
vient qu'il a prié Scaramouche & Pierrot ses bons amis à souper, & qu'il n'a
plus rien pour leur donner. Il s'arrache
les cheveux & se jette par terre sur les
débris de sa Guinguette. Le Lutin vient
le consoler, par cet écriteau sur l'air,
Console toy d'avoir sur ton Turban.

LE LUTIN.

Console-toy, malheureux Arlequin,
De porter sur ton front les Armes de
    Vulcain:
    Ta disgrace n'est que trop sure,
      Mais j'en voy
    Qui trouvant pareille avanture,
    Ne font pas tant de bruit que toy.

Arlequin fait entendre au Lutin le vé-
ritable sujet de sa douleur, par cet écri-
teau sur l'air, *Des Folies d'Espagne.*
J'avois prié Pierrot & Scaramouche
Mais pour souper en vain je les attens,
Ils n'auront pas dequoy rincer leur bou-
    che,
Ils n'auront rien à mettre sous les dents.

Le Lutin fait entendre à Arlequin que
la Fée pourvoira à tout, & l'enléve dans
les airs.

TROISIE'ME ENTREE'.

Le Theatre represente un Bois, il y a un grand Arbre au milieu & un Puis à costé.

Arlequin attend avec impatience Scaramouche & Pierrot que le Lutin luy a promis de luy amener dans ce bois. Il marque son incertitude par cet écriteau sur l'air, *De Biribi.*

ARLEQUIN.

Je croque en ces lieux le marmot,
Et je suis las d'attendre ;
Avec Scaramouche & Pierrot,
Mon Lutin doit s'y rendre ;
Mais il m'a l'air d'un franc Frippon,
La faridondene la faridondon,
Et mes amis viendrons icy
    Biribi,
A la façon de Barbary,
    Mon amy.

Pour quelque chose de certain
J'ay pris un fichu conte,
Sur la promesse d'un Lutin
Se peut-il que je compte,

Je sçais plus tot qu'il n'est fripon,
La faridondene la faridondon,
Et nous ferons ripaille icy
 Biribi,
A la façon de Barbary
 Mon amy.

Arlequin découvre la Fée endormie dans une Grotte magique, ayant un Ogre & une Ogresse à ses costés, il court vers la Fée tout transporté de joye, mais les Ogres l'arrêtent & le menacent de le dévorer s'il aproche, il se met à genoux devant la Fée & chante ce qui suit sur l'air, *Nanette dormez vous.*

ARLEQUIN.

Ma Fée éveillée vous
Faut-il que le someil
Ferme des yeux si doux,   } bis.
Ah ! que voftre reveil
Va faire de Jaloux.

La Fée s'éveille & répond sur l'air, *Ma mere mariés moy &c.*
Je ne dors jamais pour toy
Et tu peux compter fur moy,
Je tiens ce que j'ay promis.
Tu feras ripaille avec tes amis,
Je tiens ce que j'ay promis,
A mes loix tout eft foumis.

La Fée se léve & vient embrasser Arlequin. Aprés ces carresses elle luy fait entendre qu'elle est apellée ailleurs, & qu'elle va le laisser entre les mains de l'Ogresse qui en prendra soin, le couplet qu'elle chante est sur l'air, *De Grimaudin.*

LA FE'E.

Je te promets mon assistance
    Dans le besoin,
Ogres soumis à ma puissance,
    Prenés en soin,
Et sur tout qu'on ne manque pas
De luy donner un bon repas.

La Fée s'en va avec l'Ogre & laisse l'Ogresse auprés d'Arlequin, elle l'habille en Chasseur; on entend un bruit de cors & on voit venir une Troupe de Chasseurs qui poursuivent un Ours d'une grosseur demesurée, Arlequin jette ses armes par terre & grimpe sur l'Arbre qui est au milieu du Theatre, deux Chasseurs le tirent par les pieds pour l'obliger à en décendre; mais ils ne peuvent l'en arracher. Ils le laissent enfin pour courir aprés l'Ours. Arlequin le voyant disparoître descend de l'Arbre & reprend ses Armes, mais le voyant revenir il regagne son azile, l'Ours se trouvant seul avec Arlequin

se dresse sur les pattes de derriere & al-
longe les pattes de devant jusque aux
talons du pauvre Arlequin; qui se croit
mort. Heureusement pour luy les Chasseurs reviennent & tuënt l'Ours. Arlequin le voyant mort reprend courage
& descendant de l'Arbre il luy donne
plusieurs coups & fait entendre aux
Chasseurs qu'ils n'en seroient jamais ve-
nus à bout sans son secours. Les Chasseurs
& les Chasseuses dansent pour se ré-
jouïr de leur victoire. Apres leurs danses
ils éventrent l'Ours & en tirent des
bouteilles de Vin & des plats de rost,
qu'ils laissent à Arlequin, il temoigne sa
joye & voulant voir s'il n'y a plus rien
dans le ventre qui luy paroit encore fort
gros, il acheve de le fendre & en voit
sortir Scaramouche. Il l'embrasse ten-
drement & luy demande des noüvelles
de Pierrot, par cet écriteau sur l'air,
des folies d'Espagne.

ARLEQUIN.

Nous boirons bien ô mon cher Sca-
    ramouche   [écor:
Mais il nous manque un tiers à nostre [
'Ah ! ces soupirs qui sortent de ta bouche
Me font trop voir que c'est fait de
    Pierrot !

SCARAMOUCHE.

Pleurons, pleurons noftre cher camarade
Mais faifons mieux, beuvons à fa fanté;
En ce moment luy même il boit rafade,
Dans ce grand Puits le Lutin la jetté.

Dans le temps qu'ils pleurent tous deux leur cher camarade, ils entendent fa voix, ils s'approchent du Puits & voyant que Pierrot continuë à crier, ils s'invitent l'un l'autre à l'aller repefcher. Aucun deux n'y voulant aller, ils tirent à la courte paille à qui defcendra dans le Puits, le fort tombe fur Arlequin qui en enrage; il y defcend enfin à l'aide de Scaramouche & il en retire Pierrot, ils s'embraffent tous trois. Pierrot leur fait entendre qu'il a affez bû pour manger & qu'il meurt de faim. Le Theatre change & reprefente un Salon, on voit fortir une table du fond du plancher. Je ne defcris point cette table magique, l'expreffion feroit infiniment au deffous du fpectacle. l'Ogreffe qui fait tous les enchantemens qu'on y voit n'oublie rien pour s'acquiter dignement de l'employ dont la Fée la chargée, mais fans renoncer au droit de faire des malices à fes hôtes. Le repas étât

finy, la Fée vient & amene Colombine
à Arlequin pour les reconcilier. Colombine se jette aux pieds d'Arlequin &
luy temoigne son repentir par un couplet
de Chanson sur l'air, *Ton joly bel*
Meusniere.

COLOMBINE.

Rends moy toute ta tendresse
Mon chere Arlequin;
Si je fus un peu traitresse
Prends t'en au destin :
Icy bas chaque Lucresse
 Trouve son Tarquin.

ARLEQUIN.

La Fée est icy maitresse
Et je suis sa Loy;
Avec toute ma tendresse
Je te rends ma foy;
Tel se rit de ma foiblesse
Qui fait pis que moy.

 Colombine & Arlequin s'embrassent
par le commandement de la Fée qui estant
trés satisfaite d'Arlequin, le continuë
dans son employ de Censeur & l'invite
à faire toujours de mieux en mieux, par
ce couplet sur l'air, *Au guay l'on la.*

LA FE'E.

Ne cesse point d'écrire

Sur nouveaux frais.
Heureux sous mon Empire
N'en sors jamais.
A ma voix tout obeira,
Tout se changera
Comme à l'Opera :
Au guay l'on la lan lire
Au guay l'on la.

ARLEQUIN.

Pretez à ma Satyre
De l'agrément ;
Songeons à faire rire,
Car autrement
A nos jeux aucun ne viendra,
Chacun nous fuira,
Tout desertera.
Et le moyen de dire
Au guay l'on la.

Le divertissement finit par les sauts
ou le fameux Anglois, fait voir ce qu'il
y a de plus surprenant dans son Art.

APPROBATION.

J'AY lû par ordre de Monsieur le
Lieutenant general de Police un Mi-

nuſcrit qui a pour titre, *Arlequin à la Guinguette*, dont on peut permettre l'impreſſion. A Paris ce dix-ſept Juillet mil ſept cent onze. Signé, PASSART.

PERMISSION.

VEu l'Aprobation du Sieur Paſſart, Permis d'imprimer. Ce dix-ſept Juillet 1711. Signé, MARC RENE' DE VOYER DARGENSON.

Regiſtrée ſur le Livre de la Communauté des Libraires & Imprimeurs de Paris, no. 207. conformément aux Réglemens ; nottamment à l'Arreſt de la Cour du Parlement, du 3 Decembre 1705. Ce vingt-ſept Juillet mil ſent cent onze Signé, P. DE LAUNAY, Syndic.